DIE ZIEGE AUF DEM MOND

ODER DAS LEBEN IM AUGENBLICK

Erzählt von Stefan Beuse & Sophie Greve

Carl Hanser Verlag

TRÄUME VON WASSER

Einmal war es schön. Da waren die Träume der Ziege klar und
glatt wie die Oberfläche eines Sees. Die Ziege träumte oft von
Wasser, mal von riesigen Wellen, die krachend an den Fels
schlugen, mal von einer sanft sich ausbreitenden Dünung, als
hätte jemand einen Stein ins Wasser geworfen. Aber es gab
keinen Stein, und es gab auch niemanden, der einen Stein hätte
werfen können. Die Ziege war allein auf dem Mond; sie wusste
nicht, wie der Ozean aussah, aber in ihren Träumen konnte sie
ihn hören und riechen und manchmal sogar schmecken. Die
Ziege träumte von Bächen und von Flüssen, vom Eismeer und
vom Schnee, obwohl es auf dem Mond nur Krater und Staub gab.
Und das, was täglich vom Himmel fiel. Hübsche Dinge, traurige
Dinge, wahre Dinge und solche, die erst zu Dingen wurden
durch den Namen, den die Ziege ihnen gab.

DER NAME DER DINGE

Auf dem Mond hatte alles einen schönen Namen. Der Rucola hieß Rucola, der Sombrero hieß Sombrero, und Kaffee mit Spiegelei war immer noch das beste Frühstück der Welt. Nichts auf dem Mond hieß Engpass, Kostenkontrolle oder Zeitdruck, weil auf dem Mond alles so war, wie es sein sollte. Das war ja das Gute, wenn man die einzige Ziege auf dem Mond war: Man musste auf niemanden Rücksicht nehmen, man konnte tun und lassen, was man wollte, und wenn man den halben Tag im Mondstaub liegen und dem Flüstern der Sterne zuhören wollte, dann konnte man das. Einfach, weil man die Ziege war.

DIE ORDNUNG DER DINGE

Jeden Tag landeten neue Dinge auf dem Mond. Es gab schöne Dinge, nützliche Dinge und solche, die gefährlich waren. Rucola war nützlich und schön. Der Sombrero war zwar nicht schön, aber nützlich, weil man ihn für ein Nickerchen ins Gesicht ziehen konnte, wenn die Sterne mal wieder zu hell waren. Jeder Stern steht für einen Wunsch, das wusste die Ziege aus der platten Welt, und damals hatte sie sich so viel gewünscht, dass der ganze Himmel hätte leer sein müssen. Aber von dem ganzen Wünschen wurde man bloß traurig, und da hatte die Ziege gemerkt, dass es nicht gut war, zu viel zum Wünschen zu haben.

DER TIEFSTE KRATER

Bei Dingen, die nutzlos und gleichzeitig schön waren, musste man aufpassen. Die Schachtel mit den winzigen Stöckchen zum Beispiel. Die es kurz hell und warm machten, wenn man damit an der Schachtel entlangrieb. Da mochte die Ziege zwar das flackernde Licht und die Wärme, aber dazu knisterte es in der Nase, und der Geruch erinnerte sie an etwas, das ein komisches Gefühl im Bauch machte. Das war gefährlich, weil man plötzlich woanders sein wollte als da, wo man gerade war, und das war nicht gut. Woanders sein wollen, als da, wo man gerade war, und was anderes machen wollen als das, was man gerade tat, waren die ersten Anzeichen dafür, dass man auf dem besten Weg war, unglücklich zu werden. Und es lag nun mal in der Natur der Ziege, dass sie viel, viel lieber glücklich war als unglücklich. Deswegen warf sie alles, was gefährlich werden konnte, sofort in den tiefsten Krater weit hinter der Hütte, an der Grenze zum Licht.

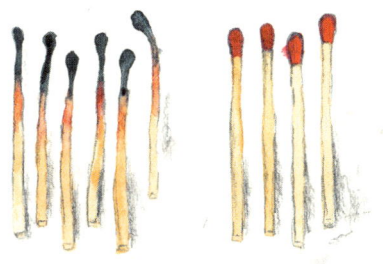

DIE DUNKLE SEITE

Die Ziege wohnte auf der dunklen Seite des Mondes. Nicht nur, weil es da gemütlicher war, sondern weil man von dort alles sehr viel besser sehen konnte und einen nicht immer das Licht blendete. Auf der dunklen Seite konnte man die kleinsten Dinge erkennen, während man selbst nicht gesehen wurde. Man konnte den ganzen Tag rumlaufen, wie man wollte, und musste auf niemanden Rücksicht nehmen, außer auf sich selbst und darauf, dass man genug zu essen und zu trinken hatte. Und dass einem nicht langweilig wurde. Aber da musste sich die Ziege keine Sorgen machen, denn auf dem Mond passierten jeden Tag die unglaublichsten Abenteuer.

DAS DING AUS DER PLATTEN WELT

Heute zum Beispiel. Die Ziege wollte sich gerade ihr Spiegelei braten, als etwas sehr Großes in der Nähe des tiefsten Kraters landete. In letzter Zeit fiel so viel Zeug vom Himmel, man kam gar nicht hinterher. Vermutlich war wieder mal ein Planet explodiert. Oder eine Raumstation.

Das neue Ding war viel größer als alles, was bisher auf dem Mond gelandet war; die Ziege konnte es kaum erwarten, das Objekt zu erkunden. Trotzdem schlug sie erst mal in aller Ziegenruhe ihr Ei in die Pfanne und machte den Kaffee schön heiß und schön schwarz. Denn Hektik, das wusste die Ziege, hatte noch niemandem geholfen. Und wer nicht mal Zeit für ein gutes Frühstück hatte, war für das Leben auf dem Mond einfach nicht gemacht.

DIE ZEIT AUF DEM MOND

Zeit war nämlich etwas ganz Besonderes auf dem Mond.
Spätestens seitdem die Uhr bei der Hütte gelandet war.
Die Uhr ging nicht mehr, sie war hunderttausende Kilometer
durchs All geschleudert worden, und jetzt standen ihre Zeiger
auf Viertel nach neun. Zufällig war Viertel nach neun die beste
Zeit der Welt. Um Viertel nach neun konnte man langsam mal
aufstehen. Man konnte mit einem guten Frühstück in den Tag
starten und hatte das Beste noch vor sich. Aber das
Allerbeste war: Wenn man nach einem Tag voller Abenteuer
zurückkam und es war Viertel nach neun, wurde es höchste Zeit
für das beste Abendessen der Welt. Man konnte Sterne zu
Fischfiguren verbinden, bis man davon ganz schläfrig wurde,

und dann konnte man in einen Traum gleiten, der klar und glatt war wie die Oberfläche eines Sees und von Dingen handelte, die tief unter Wasser waren, da, wo die Farben weniger wurden und die Dinge ihre Form verloren.

DIE SCHÖNSTE ZEIT

Die besten Dinge auf dem Mond passierten immer um Viertel nach neun. Das war schon seit Ziegengedenken so, und es war heute nicht anders.

Es war Viertel nach neun, als das riesige Ding beim Krater landete. Es war Viertel nach neun, als das Spiegelei in der Pfanne brutzelte. Und es war Viertel nach neun, als die Ziege nach dem Frühstück den Sukkulenten winkte, die zwar immer nur rumstanden, sich aber jeden Tag neue Namen wünschten, damit ihnen nicht langweilig wurde.

Die Ziege verließ ihre Hütte und trat auf das einzige Brett, das ein Geräusch machte. Das brachte nämlich Glück. Und als die Ziege zur Wäscheleine mit den meisten T-Shirts kam, war es ungefähr ziemlich genau Viertel nach neun.

DIE MEISTEN T-SHIRTS DER WELT

Die Ziege hatte eine unbegrenzte Auswahl an T-Shirts. Auf dem ganzen Mond gab es niemanden, der so viele T-Shirts hatte wie die Ziege. Für jede Stimmung war das genau Passende dabei, und manchmal kam es vor, dass sich die Ziege öfter umzog, als sie Hunger hatte. Einfach, weil sie es konnte. Und weil sie die Ziege war.

Das mit der Stimmung ging übrigens so: Man zog sich ein T-Shirt über und, zack, hatte man die richtige Stimmung. Deswegen konnte es zwar sein, dass es mal ein bisschen zu grün, zu blau oder zu bunt war. Aber es war trotzdem immer gut.

WARUM ALLES SO WEIT WEG IST
UND DANN DOCH WIEDER NICHT

Wenn die Ziege eins gelernt hatte auf dem Mond, dann war es

das: Besser, du bist vorbereitet. Und was war die beste Art,

vorbereitet zu sein? Sternenklar: Man stellte sich das

Schlimmste vor, was überhaupt passieren konnte, und dann

überlegte man, wie man aus dem Schlimmsten das Beste

machte. Wenn zum Beispiel das Schlimmste war, dass etwas

Schweres genau auf den Rucola fiel, dann konnte man das

Schwere immer noch mit Anlauf in den Krater stoßen und aus

dem Rucola Salat machen. Und wenn man in Gedanken zu

viel in der platten Welt war, dann konnte man sich in den
Mondstaub legen, die Augen schließen und spüren, wie schön
sich das anfühlte. Man konnte merken, dass man ein Glückspilz
war, den ganzen Mond für sich allein zu haben und die größte
Auswahl an T-Shirts, die sich nur denken ließ.

Man konnte sich darauf freuen, den Kaffee schön schwarz
und schön stark zu machen, und sich vorstellen, was wohl
als Nächstes auf dem Mond landen würde. Und dann war es
nicht mehr schlimm, dass alles so weit weg war. Sondern
schön, dass immer mehr zurückkam und dass man sich aus
den schönsten Dingen ein Zuhause machen konnte, ein Bett,
einen Tisch und einen Stuhl. Es war gut, all die Sachen, die
man mochte, so nah bei sich zu haben. Dass man daraus etwas
bauen konnte, das ein Leben war.

WARUM MAN ALS ZIEGE VOR NICHTS ANGST HABEN MUSS

Als sich die Ziege auf den Weg zu dem riesigen unbekannten Ding machte, war ihr ganz leicht ums Herz, weil sie das beste Leben auf der Welt führte. Sie hatte gut gefrühstückt, sie hatte einen Tag voller Abenteuer vor sich, und sie war vorbereitet. Und eine gute Vorbereitung war schließlich das A und O einer erfolgreichen Mondmission. Besonders, wenn es sich um eine Expedition ins Ungewisse handelte.

Deswegen hatte die Ziege auch ein extramutiges T-Shirt an. Weil Mut nämlich niemals schaden konnte, wenn es um die

Untersuchung außermondischen Materials ging. Dazu hatte sie sich noch vorgestellt, was das Schlimmste wäre, und das Schlimmste war, dass ihr das neue Ding so gut gefallen könnte, dass sie es mit nach Hause nehmen wollte und dann feststellte, dass sie nicht genug Platz hatte, weil überall schon so viel Zeug war. Und dann hatte die Ziege überlegt, wie sie mit der Situation umgehen würde, und die Lösung war: Sie konnte das riesige Ding einfach da stehen lassen, weil streng genommen war ja der ganze Mond ihr Zuhause, und manchmal musste man die Dinge nur ein bisschen im Kopf bewegen, nicht mal in echt. Und schon war alles anders.

DER NAME DER FISCHE

Die Ziege kam gut voran. Die Luft war schön, die Gedanken leicht, und der Rucola leuchtete in der Ferne wie ein Versprechen.

Es war ziemlich genau Viertel nach neun, als die Ziege die Absturzstelle in der Nähe des tiefsten Kraters erreichte, aber es kam ihr vor wie eine ganz andere Zeit. Um Viertel nach neun passierte ja nur Schönes, und mindestens zwei Dinge waren komisch, als die Ziege beim Krater ankam. Erstens: Etwas war mit den Fischen. Die Ziege konnte nicht sofort sagen, was genau, aber nach einem Blick ins Fischbestimmungsbuch war der Fall klar: Das erste Komische war bei den Goldmakrelen.

DAS KOMISCHE BEI DEN GOLDMAKRELEN

Damit die Ziege nicht vergaß, wie viele unterschiedliche Fischarten es gab, wie sie aussahen und wie sie hießen, zeichnete sie jede Sorte in den Mondstaub. Das war lehrreich und sah gut aus und war außerdem eine hübsche Verzierung. Angefangen hatte sie mit den Forellen. Dann kamen die Goldmakrelen, und weiter war sie noch nicht. Die Ziege hatte schließlich noch ein ganzes Ziegenleben Zeit, da gab es keinen Grund zur Eile.

Jedenfalls wiesen die Goldmakrelen eindeutig zu viele Striche auf, und daraus folgerte die Ziege, dass das Schleifspuren vom Absturz waren. Die Ziege machte nämlich nie zu viele Striche. Nicht zu viele und nicht zu wenige. Wenn die Ziege etwas zeichnete, war die Menge an Strichen immer ganz genau richtig, und damit war der Fall klar: Die Spuren stammten von dem großen Ding.

WAS IMMER DA GELANDET WAR

Was die Ziege aber stutzig machte: Die Striche wiesen in
unterschiedliche Richtungen. Was konnte das bedeuten? Hatte
sie etwas übersehen? Wohl kaum. Der Ziege entging nie etwas,
und sie hätte es ganz bestimmt bemerkt, wenn statt des großen
mehrere kleine Teile auf dem Mond gelandet wären. Folglich
blieben nur noch zwei Möglichkeiten. Erstens: Was immer da
gelandet war, musste in mehrere Teile zerbrochen sein, und die
Wucht des Aufpralls musste so groß gewesen sein, dass die Teile
in verschiedene Richtungen versprengt worden waren. Zweite
Möglichkeit: Das Ding war lebendig. Aber darüber wollte die
Ziege lieber nicht nachdenken, denn das hatte sie noch nie
erlebt, dass etwas Plattes durchs halbe Weltall geflogen war
und dann auch noch lebendig hier ankam. Außerdem wäre das
unheimlich, und etwas Unheimliches konnte die Ziege beim
besten Willen nicht gebrauchen auf dem Mond.

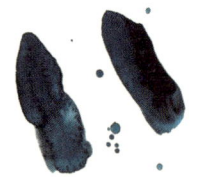

DAS ZWEITE KOMISCHE

Das zweite Komische kam aus dem Krater. Zwar hatte die
Ziege schon oft gedacht, dass sie was aus dem Inneren gehört
hatte, wenn sie am Krater vorbeigelaufen war, aber das war
meist nur das Echo ihrer eigenen Schritte oder das Geräusch,
das entstand, wenn da unten etwas verrutschte, denn der Krater
war tief, und es hatten sich im Lauf der Zeit viele Dinge darin
angesammelt, die nutzlos und schön und deshalb gefährlich
waren.

Doch was die Ziege jetzt hörte, hatte mit Echo oder verrutschten
Dingen nichts zu tun. Denn das war Musik. Eine einfache
Melodie, wie man sie vorgespielt bekommt, wenn man noch
ganz klein ist und noch nicht allein auf sich aufpassen kann.

DIE DINGE IN DEM TIEFSTEN KRATER

Vier Arten von Dingen landeten in dem Krater, weil sie der Ziege gefährlich werden konnten:

1. Alles, was die Ziege an etwas erinnerte, das für immer platt war und für immer platt bleiben würde.

2. Alles, was sie daran erinnerte, dass es früher etwas gab, was es jetzt nicht mehr gibt.

3. Alles, was einen glauben ließ, es könnte wieder so sein wie früher oder es könnte helfen zu denken, dass Sterne Wünsche sind.

4. Alles, was einen dazu brachte, sich etwas zu wünschen.

Und jetzt gab es sogar eine fünfte Gefahr. Nämlich alles, was so war wie eins bis vier und einen dazu noch so traurig machte, dass man kurz dachte, man bekommt keine Luft mehr, weil etwas sehr Großes und sehr Schweres aus mindestens dreihunderttausend Kilometern direkt auf einen draufgefallen war.

DAS LIED AUS DEM TIEFSTEN KRATER

Was das für ein Lied war, das die Ziege aus dem tiefsten Krater hörte? Schwer zu sagen. Es war wie das Blinken der Sterne, wenn sie flackernd die Farbe wechselten und man nicht wusste, ob sie geboren wurden oder starben, so weit weg waren sie. Es war wie das genau passende T-Shirt und dazu der Geruch des Spiegeleis, wenn es fast fertig ist.

Es war wie die schönsten Dinge, aus denen die Ziege ihr Haus gebaut hatte und gleichzeitig wie alles, was nicht auf dem Mond gelandet war, und nie dort landen würde, und ein bisschen war es auch wie unter Wasser, nur dass die Ziege gar nicht wusste, wie unter Wasser war, weil es so viel Wasser ja nur im Traum gab.

Vor allem aber war es wie die Lust auf Rucola. Wenn man so viel Rucola im Maul hatte, wie es nur ging, und wie das dann schmeckte, nach Erde und auch scharf, nach zu viel und gleichzeitig zu wenig. Und dann das Gefühl, dass kurz alles auf einmal ist, und damit glücklich zu sein, so war dieses Lied. Es war schöner und trauriger und größer als alles, was in einem einzigen Ziegenherz Platz hatte, und deshalb beschloss die Ziege, sich später um das Lied zu kümmern und erst mal um das Wichtigste. Nämlich um die Spur des ersten Trümmerteils.

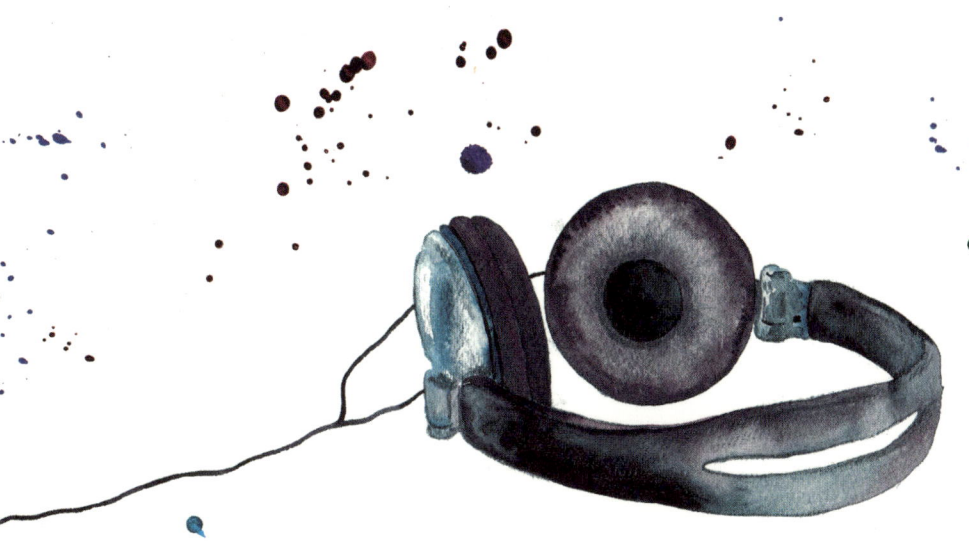

DIE SPUR FÜHRT NACH SÜDWESTEN

Die erste Spur ging ziemlich genau bei der Schwanzflosse der
mittleren Goldmakrele los und führte nach Südwesten.
Südwesten war die Himmelsrichtung, die der Ziege immer als
Erstes in den Sinn kam. Deswegen lautete der Eintrag ins
Logbuch der Mondmission auch: 09:15 Mondzeit. Folge Spur des
ersten mutmaßlichen Trümmerteils nach Südwesten.
Commander Ziege, over.

Natürlich hatte die Ziege gar kein Logbuch. Logbücher waren für Ziegenkinder, die Seefahrer oder Astronaut spielten und noch nichts vom richtigen Leben wussten. Aber manchmal redete die Ziege eben so mit sich selbst. Einfach, weil es Spaß machte. Und weil sie die Ziege war.

DIE ZIEGE MACHT EINE ENTDECKUNG

Sie musste gar nicht weit gehen, da sah sie schon das erste Teil von dem großen Ding in der Ferne. Die Spur verlief nämlich genau am mittelgroßen Vulkan entlang, und weil die Ziege nicht wusste, wie weit sie ihr folgen musste, war sie auf den Vulkan geklettert, um einen Überblick zu bekommen. Auf dem Mond gab es Vulkane in allen Größen, und es war ein Glück, dass genau da, wo die Ziege ihren Kaffee kochte und ihre Spiegeleier briet, ein Mini-Vulkan war, der auch noch die richtige Temperatur hatte. Und natürlich die richtige Größe.

Alles auf dem Mond hatte die richtige Größe, und der mittelgroße Vulkan hatte eben genau die richtige Größe, um von dort die Absturzstelle überblicken zu können.

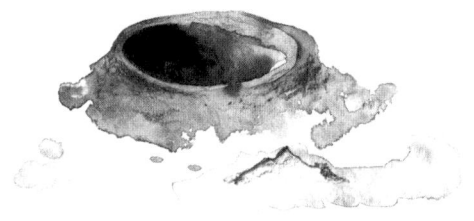

WAS DIE ZIEGE SIEHT

Von dem Vulkan aus sah die Ziege nicht nur das Ding, das die erste Spur gemacht hatte, sondern auch alle anderen Teile. Zwei davon erkannte sie sofort. Es waren ein Schwan und ein Delfin. Obwohl beides Wassertiere waren, kamen sie in dem Fischbestimmungsbuch nicht vor, aber die Ziege wusste natürlich trotzdem Bescheid. Denn wer einen Schwan und einen Delfin nicht mehr erkennt, dem ist nun wirklich nicht zu helfen. Ganz hinten lag noch ein größeres Tier, von dem man nur den Umriss sah, und zwischendrin lagen hübsch bemalte Stücke und kleinere Teile aus Gold, mit Verzierungen und Mustern, und da wusste die Ziege, was das große Ding war, das da auf dem Mond gelandet war. Nämlich ein Karussell.

DAS GRÖSSTE PUZZLE DER WELT

Ein Karussell landete nun wirklich nicht alle Tage auf dem Mond, das war schon etwas Besonderes.

Die Ziege nahm sich genug Zeit, die Teile aus der Ferne zu betrachten und darüber nachzudenken, was sie mit dem Karussell anstellen wollte. Sie fing schon mal an, es in ihrem Kopf zusammenzusetzen, so wie sie abends die Sterne zu immer neuen Figuren verband, aber ein Karussell war so ziemlich das größte und komplizierteste Puzzle der Welt.

Es hatte mehr als tausend Teile, es bestand aus Stangen und Tieren und Rädern. Dazu kam, dass bestimmt die Hälfte der Teile fehlte, und wer hatte schon Lust auf ein Puzzle, das garantiert nie fertig werden würde, egal, wie sehr man sich anstrengte? Die Ziege jedenfalls nicht.

Und weil ihr von dem ganzen Zusammensetzen im Kopf sowieso schon ganz komisch war, machte sich die Ziege erst mal auf den Weg zu dem größten Tier, ganz hinten in der Ferne. Denn zu viel Nachdenken – das gehörte zu den 23 oder 97 grundsätzlichen Ziegenweisheiten – hatte noch nie jemanden weitergebracht. Man musste auch einfach mal machen. Und das tat die Ziege jetzt.

DIE ZIEGE MACHT EINFACH MAL

Wenn der Kopf frei ist, schafft man fast jede Strecke in Nullkommanichts. Wenn der Kopf frei ist und die Stimmung leicht, ist plötzlich wieder Viertel nach neun, und um Viertel nach neun erreichte die Ziege den Wasserbüffel. Es war nämlich ein Wasserbüffel, der da am Horizont gelandet war, und ein Wasserbüffel war genau das, was der Ziege gerade noch gefehlt hatte. Also packte sie ihn bei den Hörnern und schleifte ihn den ganzen weiten Weg durch den Mondstaub bis zu sich nach Hause. Und weil sie darauf achtete, mit ihren Schleifspuren keinem einzigen gezeichneten Fisch zu nahe zu kommen, den Forellen nicht und auch nicht den Goldmakrelen, dauerte der Rückweg ziemlich genau bis zum Abendessen.

DIE ZIEGE KOMMT WIEDER NACH HAUSE

Erschöpft stellte sie den Wasserbüffel bei sich in den Garten. Die Ziege sagte Herzlich Willkommen und versprach, ihm am nächsten Tag alles zu zeigen. Ihr Zuhause, die Sukkulenten und was man sonst noch so kennen musste.

Natürlich war der Wasserbüffel gar nicht echt, und er konnte auch nicht zuhören, aber das war der Ziege egal. Es tat ihr gut, die eigene Stimme zu hören, da musste man sich gar keine Geschichten ausdenken von Tieren, die plötzlich lebendig oder zu besten Freunden wurden, denn dafür war die Ziege nun wirklich zu alt. Und blöd war sie übrigens auch nicht.

AM GRUND DER DINGE

Der Rucola war an diesem Abend besonders gut, das lag an der frischen Luft. Wenn man sich den ganzen Tag an der frischen Luft bewegt und viel erlebt, kommt man abends glücklich und erschöpft nach Hause, und das Essen schmeckt gleich doppelt so gut. Ziegenweisheit 34c. Oder 78a. Jedenfalls schlief die Ziege noch beim Verbinden des ersten Fischesternbilds ein und glitt in einen Traum, der so tief und so still war, wie es noch nie ein Traum gewesen war.

Die Ziege schwebte weit unter Wasser, wo es kaum Licht gab, und wurde sanft von den Wellen bewegt. Von dem Sturm da oben bekam sie nichts mit, sie sah nur die Dünung und die Schaumkronen von unten. Die See ging schwer, aber in der Tiefe war alles friedlich und still, und genau so musste man es machen: herabsinken und die Dinge von unten betrachten. Denn vom Grund aus ist alles nicht mehr tosend und wild, sondern Teil eines ruhigen, wunderschönen Musters.

TRÄUME VON WASSERTIEREN

Die Ziege träumte von Walen und Delfinen, von Goldmakrelen, Seepferdchen und Muränen. Sie folgte gerade einem durchsichtigen Schillerfisch, als sie ein Geräusch hörte, das in der Tiefsee nun wirklich nichts verloren hatte, nämlich das Knarren des einzigen Brettes, das ein Geräusch machte, wenn man drauftrat.

Normalerweise hätte die Ziege gedacht, dass sie sich das nur einbildete, aber das Geräusch war so laut und so echt, dass sie hochschreckte und aufstand, um nach dem Rechten zu sehen. Man musste nämlich kein Detektiv sein, um mitzukriegen, dass hier etwas überhaupt nicht stimmte. Denn wenn man die einzige Ziege auf dem Mond war, konnte es niemanden geben, der draußen auf das einzige Brett trat, das ein Geräusch machte, weil das Glück brachte. Ende der Diskussion.

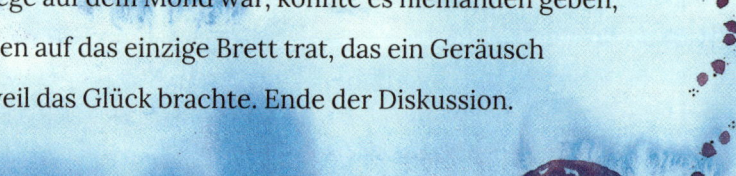

EINE ZIEGE SIEHT DOCH
KEINE GESPENSTER

Die Ziege war sehr vorsichtig, als sie ans Fenster trat, man konnte schließlich nie wissen. Behutsam schob sie die Vorhänge zur Seite ... und bekam den Schreck ihres Lebens, denn im Garten war ein riesengroßer Schatten. Die Ziege wollte gerade nach Luft schnappen, als ihr einfiel, dass das ja der Wasserbüffel war und dass sie ihn selbst dort hingestellt hatte. Die Ziege wartete, bis ihr Herz wieder normal schlug. Dann öffnete sie die Tür und ging nach draußen. Natürlich trat sie dabei auf das einzige Brett, das ein Geräusch machte. Glück war nämlich etwas, das die Ziege jetzt wirklich gut gebrauchen konnte.

DIE ZIEGE TUT, WAS
EINE ZIEGE TUN MUSS

Die Ziege nahm all ihren Mut zusammen und marschierte schnurstracks durch den Garten, denn wenn Ziegen für eins bekannt sind, dann für ihre Furchtlosigkeit.

Sie lauschte in die Nacht und wartete, bis sich ihre Augen so an die Finsternis gewöhnt hatten, dass sie sogar die Umrisse der Sukkulenten erkannte. Sie hörte die großen Vulkane in der Ferne und das leise Blubbern des kleinen Vulkans, auf dem sie ihren Kaffee kochte. Aber sonst hörte sie nichts. Und gerade als sie dachte, dass sie sich das Knarzen wohl nur eingebildet hatte, hörte sie doch etwas.

WIE DER SCHATTEN VON
SEHR GROSSEN TIEREN

Es begann ganz leise. Ein Flüstern erst, wie Wind in den Kratern. Es kam aus der Richtung des Wasserbüffels, eine Melodie, die man nicht aus dem Kopf bekommt. Und als der Ziege klar wurde, was für ein Lied das war, wurde ihr plötzlich weich in den Knien und zittrig im Bauch. Denn es war das Lied aus dem Krater, das aus der Tiefe zu ihr gedrungen war und sie an etwas Gefährliches erinnert hatte. Je länger sie es hörte und je länger sie den Wasserbüffel ansah, desto deutlicher meinte sie zu erkennen, dass er sich veränderte. Das heißt, er veränderte

sich natürlich nicht, er war schließlich nicht echt,
aber über den schweren Büffelkörper zogen Schatten
wie langsame Wolken, und als die Ziege ganz genau
hinsah, erkannte sie in den Schatten die Tiere vom
Karussell. Den Schwan, den Delfin und noch zwei andere
Wassertiere, die sie noch nie zuvor gesehen hatte.
Schnell schüttelte die Ziege den Kopf, denn das war doch alles
ausgemachter Blödsinn und ging gegen jede Ziegenlogik. Doch
die Schatten waren trotzdem noch da. Und das Lied auch. Und
als sie den Wasserbüffel ganz genau ansah, glaubte sie, dass er
traurig war. Und das konnte jetzt mal ernsthaft nicht sein.

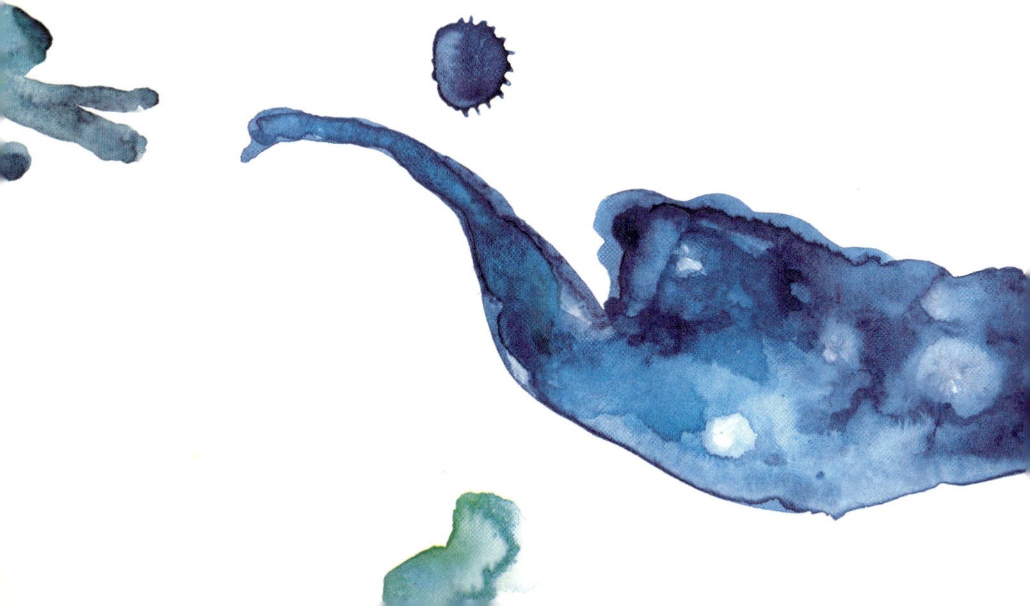

EIN REST ABER BLEIBT

Die Ziege schlug sich also die wirren Gedanken aus dem Kopf
und ging wieder ins Bett. Doch ein komisches Gefühl hatte sie
noch immer. Denn was sie im Garten gesehen hatte, ließ sich
zwar erklären, weil das All voller Lichter und Farben war,
in denen man alles und nichts erkennen konnte (schließlich
entstanden irgendwo immer Sterne oder verschwanden
Galaxien, knallten Raumstationen gegen Satelliten und
verglühten in fernen Atmosphären), aber eine Erklärung für
das Lied war das nicht.

DIE GRENZEN DER ZIEGENLOGIK

Am nächsten Morgen war alles wieder normal. Spiegelei, Kaffee, Brett, Knarzen, T-Shirt. Kleiner Vulkan, großer Vulkan, flacher Krater, tiefster Krater. Doch als die Ziege gerade dabei war, dem Wasserbüffel die Sukkulenten vorzustellen – was schwierig war, weil sie ja noch ihre Namen von gestern trugen –, wurde sie stutzig. Denn auf einmal fiel ein Tropfen auf die vorletzte Kaktee von links, die heute unbedingt Glori heißen wollte, das hatte sie der Ziege gestern schon gesagt. Und mal ehrlich, Einbildung hin oder her: Damit waren die Grenzen der Ziegenlogik definitiv erreicht, denn auf dem Mond gab es keinen Himmel und also auch keine Wolken, aus denen es regnen konnte. Es gab kein Wasser, wenn es nicht in großen weichen Flaschen auf dem Mond landete, und wenn sie landeten, kamen sie sofort in den mitteltiefen Krater, in dem es immer schön kühl war. Die Ziege brauchte Wasser, um ihren Kaffee zu kochen und den Rucola zu gießen und manchmal auch die Sukkulenten. Die Sukkulenten brauchten kaum etwas außer täglich neue Namen, aber sie waren trotzdem die glücklichsten Lebewesen auf dem Mond. Nach der Ziege natürlich.

Doch jetzt war ein Tropfen auf Glori gefallen.

Woher um alles in der Welt war der gekommen?

DIE ZIEGE MUSS NACHDENKEN

Manchmal war es an der Zeit, einfach zu machen, aber zwischendurch musste man auch mal denken. Und wer es mit einem Wasserbüffel zu tun hatte, der so traurig war, dass er schon auf Kakteen weinte, brauchte definitiv Zeit zum Nachdenken. Und was taten Ziegen, wenn sie denken mussten? Sternenklar: Sie bereiteten sich in aller Ziegenruhe einen Tee zu. Und zwar genau nach Vorschrift. Und das ging so:

DIE HOHE KUNST
DER ZIEGEN-TEEZEREMONIE

Erst wandelte die Ziege auf dem Gartenpfad. Ganz langsam und mit gesenktem Kopf. Sie war achtsam und spürte ihren Atem und sah zu, wie ihre Hufe den Boden berührten und sich wieder lösten. Dann füllte sie Wasser in ein steinernes Becken und legte die Schöpfkelle bereit. Sie reinigte sich mit frischem Wasser Maul und Hufe und wusch damit symbolisch alles Üble ab, was sie jemals gesagt oder getan hatte. Und auch wenn sich die Ziege weder an das eine noch an das andere wirklich erinnerte, mochte sie diesen Teil der Zeremonie so sehr, dass es ihr nicht im Traum eingefallen wäre, ihn zu überspringen.

Wortlos kroch sie danach durch den engen Gang ins Teehaus.
Der Eingang war so niedrig, damit man auf den Knien
rutschte und dadurch Demut und Respekt zeigte und alle
gesellschaftlichen Unterschiede ablegte.

Nach dem fünfmaligen Ertönen des Gongs war der Tee fertig.
Er wurde in einer blau gepunkteten Tasse serviert und
schmeckte ein wenig nach Erde und auch ein bisschen nach
Rucola. Er machte ein wohliges Gefühl im Bauch, und die
Gedanken wurden klar.

WAS DIE SUKKULENTEN TUN, WÄHREND DIE ZIEGE DENKT

Die Sukkulenten standen natürlich bloß rum und taten gar nichts. Sie genossen den Frieden und genügten sich selbst, und es war eine Freude, ihnen dabei zuzusehen. Das Problem war nur: Die Sukkulenten wussten das und hatten mittlerweile ein Ego bis zur platten Welt und wieder zurück. Vor allem Glori, die sich einbildete, sie sei etwas ganz Besonderes, weil es eine bestimmte Nacht gab, in der sie schöner blühte als alle Blumen auf der ganzen Welt. Zumindest behauptete sie das. Und die Ziege konnte das natürlich nicht nachprüfen, weil sie in der Nacht meistens schlief. Aber wenn man die Ziege auf dem Mond war und sich von wasserspeichernden Pflanzen verrückt machen ließ, war einem echt nicht mehr zu helfen. Deswegen lächelte die Ziege ihr weisestes Ziegenlächeln, trank den Tee in kleinen Schlucken und erfreute sich an der Klarheit ihrer Gedanken.

WAS DIE ZIEGE DENKT, UND ZU WELCHEN ENTSCHLÜSSEN SIE KOMMT

Hier sind ein paar von den Fragen, die der Ziege durch den Kopf gingen, während sie langsam ihren Tee trank:

Warum träume ich immer von Wasser? Woher weiß ich, wie der Ozean schmeckt, wenn es auf dem Mond nur Wasser aus Flaschen gibt? Wieso stoße ich gefährliche Dinge in den Krater, wenn Ziegen doch zu den mutigsten und unerschrockensten Tieren überhaupt gehören? Und wie niedrig müsste der Eingang ins Teehaus sein, damit die Sukkulenten Demut lernten?

Vor allem aber fragte sich die Ziege, warum das Lied aus dem Krater noch immer in ihrem Kopf war. Und was es mit den Wassertierschatten und dem weinenden Büffel auf sich hatte. Und weil die Ziege eine weise Ziege war, wusste sie natürlich, dass es viel wichtiger war, die richtigen Fragen zu stellen, als immer sofort Antworten parat zu haben.

Also stellte die Ziege die richtigste Frage überhaupt: Was kann ich tun, damit der Büffel nicht mehr traurig ist und das Lied aus meinem Kopf verschwindet?

Und sobald sie die Frage gedacht hatte, wusste sie auch schon die Antwort. Nicht in ihrem Kopf, aber in ihrem Ziegenherz. Denn das wusste immer Bescheid. Und deswegen beschloss die Ziege, dass sie jetzt genug nachgedacht hatte, und ließ die Teezeremonie langsam ausklingen.

VOM DENKEN UND VOM MACHEN

Weise Beschlüsse fassen war das eine. Sie auch in die Tat umzusetzen war etwas vollkommen anderes, und glücklicherweise war die Ziege in beidem sehr gut. Denn wenn man genau wusste, was zu tun war, durfte man nicht lang fackeln. Und das tat die Ziege nicht. Behutsam stellte sie ihre blau gepunktete Tasse zurück und winkte den Sukkulenten.

»Bis später, bis gleich, bis Viertel nach neun!«
Und schon war sie weg.

DIE ZIEGE LEISTET GANZE ARBEIT

Gestärkt durch eine Extra-Portion Rucola erreichte die Ziege die Absturzstelle. Sie kletterte auf den mittelgroßen Vulkan und atmete tief ein und tief aus. Dann schnalzte sie mit der Zunge. Hilft ja nichts, sagte sie sich und begann mit dem Schwan.

Erst der Schwan, dann der Delfin. Dann alles, was sie noch tragen konnte. Und dann den ganzen Rest.

Es war Viertel nach neun, als die Ziege alles beisammenhatte. Und es dauerte noch mal den ganzen nächsten Tag und dann noch einen, bis sie aus den Einzelteilen etwas gemacht hatte, das fast wie ein richtiges Karussell aussah.

»Da staunt ihr, was?«, fragte sie, denn die Ziege war stolz darauf, das komplizierteste Puzzle der Welt, so gut es eben ging, fertig gebaut zu haben.

Die Sukkulenten waren starr vor Ehrfurcht. Besonders Glori, die an diesem Abend Leslie Danger Foxtrott die Fünfte heißen wollte. Und da wusste die Ziege, dass sie wirklich ganze Arbeit geleistet hatte.

NOCH EINMAL DAS KNARZEN

Vor dem Schlafengehen betrachtete die Ziege ihr Werk vom Fenster aus. Jetzt gab es für den Wasserbüffel aber wirklich keinen Grund mehr, traurig zu sein, oder? Schließlich waren alle wieder da, und er war in seiner gewohnten Umgebung. Was konnte man sich da noch wünschen?

Der Ziege fiel nichts ein.

Doch als sie später im Traum unter Wasser war, knarzte es schon wieder, und da wurde es der Ziege zu bunt. Entschlossen stand sie auf und öffnete die Tür.

Natürlich war niemand draußen, und natürlich war auch sonst alles normal. Aber als ihr Blick auf die Wassertiere fiel, wusste sie plötzlich Bescheid.

Aber klar, warum war sie da nicht viel eher drauf gekommen!

Gab es etwas Traurigeres als ein Karussell ohne Musik?

Eben.

DIE ZIEGE WIRD AUF EINE HARTE PROBE GESTELLT

Sie musste irgendwie an dieses Lied kommen. Aber das war unten im tiefsten Krater. Sollte sie etwa hinabsteigen zu den gefährlichen Dingen? Da würde sie lieber freiwillig eine ganze Nacht neben Leslie Danger Foxtrott der Fünften verbringen, die gerade besonders kratzig war.

Andererseits hatte man den Titel Unerschrockenste Ziege auf dem ganzen Mond nicht verdient, wenn man sich nicht auch mal was traute.

Aber musste es ausgerechnet das Allerallerschlimmste sein?

DIE KURZE ANTWORT

Ja. Musste es.

DER LANGE WEG

Und weil etwas Schreckliches immer nur noch schrecklicher
wird, je länger man darüber nachdenkt, dachte die Ziege jetzt
gar nicht mehr nach, sondern machte sich auf den Weg.
»Wünsch mir Glück, kleiner Troublemaker«, rief sie Leslie
Danger Foxtrott der Fünften zu, und die Ziege meinte zu sehen,
wie sich ihre Blätter ganz leicht bewegten.

GANZ NACH UNTEN

Als sie den Krater erreicht hatte, war es darin noch viel
dunkler, als sie es in Erinnerung hatte. Die Geräusche aus der
Tiefe waren noch unheimlicher, und das Lied von dem
Karussell war nur ein fernes Echo. Das Lied musste abgerutscht
und noch tiefer gefallen sein, und für einen Moment wollte die
Ziege sofort umdrehen und wegrennen, so schnell sie konnte.
Aber was hätte sie dann zu erzählen, wenn sie zurück wäre?
Dass sie leider Angst gehabt hatte?
Nein, dachte sie laut. Ich bin schließlich der Boss auf dem Mond.
Und dann war alles schon nicht mehr ganz so schlimm, denn
dem Boss passierte nie etwas.

DIE ZIEGE ERINNERT SICH

Was das Schlimmste ist, wenn man etwas tun muss, vor dem
man Angst hat? Sternenklar: Das Schlimmste ist die Angst.
Und weil die Ziege eine weise Ziege ist, wusste sie das natürlich.
Deswegen dachte sie in solchen Momenten immer an das eine
Mal zurück, als sie in der platten Welt auf dieser Klippe
gestanden hatte.
Es war die Zeit, in der Ziegen noch Hörner hatten, weil sie noch
nicht alleine auf dem Mond lebten. Außer der platten Welt
gab es keine andere Welt, und man musste noch nicht alleine
klarkommen, weil es Eltern gab und Freunde.

Normalerweise hätte die Ziege so eine Erinnerung mit Anlauf in den tiefsten Krater gestoßen, aber jetzt brauchte sie das Gefühl von damals, um ihre Angst zu überwinden.

Also wurde sie wieder zu der kleinen Ziege auf der Klippe.

Hinter ihr war Feuer, und unter ihr war Wasser. Die Klippe war sehr hoch, und das Feuer kam immer näher. Die Ziege musste springen, wenn sie sich retten wollte, aber sie hatte zu lange nach unten gesehen und gemerkt, dass das Wasser wirklich sehr, sehr weit weg war. Es war so weit weg, dass der Ziege die Wasseroberfläche vorkam wie ein winzig kleiner Punkt inmitten von Felsen, und je länger sie nach unten starrte, desto klarer wurde ihr, dass sie das Wasser unmöglich treffen konnte und vorher auf die Felsen schlagen würde.

Je länger sie nach unten sah, desto größer wurde ihre Angst. Also wich sie ein paar Schritte zurück. Das Feuer war schon so nah, dass sie es riechen konnte. Es roch wie die Stöckchen, die sie in den Krater geworfen hatte, und die Ziege hatte nur noch die Wahl zwischen dem Feuer und den Felsen. Die Felsen hatten den Vorteil, dass eine kleine Chance bestand, das Wasser zu treffen. Die Chance war etwa so groß wie die winzige Oberfläche, die da unten blitzte und funkelte, als wollte sie ihr zuzwinkern.

Die Ziege hatte weiche Knie. Ihr Bauch zitterte, und ihre Augen brannten. Aber sie hatte keine Wahl.

Sie sah nicht nach unten. Sie tastete sich nicht vorsichtig an den Rand. Sie nahm all ihren Mut zusammen und sprang.

Und da geschah etwas Seltsames.

In dem Moment, wo sie sich überwunden hatte, verschwand ihre Angst.

Während die Ziege in der Luft war und flog, hatte sie etwas gelernt, das sie ihr ganzes Leben lang nicht mehr vergessen würde: Wenn man vor etwas Angst hat, ist das Allerschlimmste die Angst. Angst aber verschwindet, wenn man einfach mal macht. Also gibt es die Angst nicht wirklich. Sie ist nur das, was man denkt oder sich vorstellt, und hat nichts mit dem zu tun, was wirklich ist.

Die Ziege flog. Das war echt. Und es fühlte sich gut an, zu fliegen. Ganz leicht zu sein, in der Luft. Es fühlte sich sogar so gut an, dass sie vergaß, sich vorzustellen, was das Schlimmste war, das passieren konnte.

Und als sie dann eintauchte und unter Wasser sank und flog und schwebte, war sie glücklich wie in einem Traum, nur dass der Traum echt war.

DIE ZIEGE ÜBERWINDET SICH

An dieses Gefühl dachte die Ziege, als sie sich darauf
vorbereitete, zu den gefährlichen Dingen in den Krater zu
steigen, um das Lied für die Karusselltiere zu retten. Angst
verschwindet, wenn man sich überwindet. Und zwar jetzt,
und zwar sofort, um Viertel nach neun.

DIE ZIEGE BEGINNT MIT DEM ABSTIEG

Und es war genau, wie sie gedacht hatte: Sobald sie den
ersten Huf in den Krater gesetzt hatte, verschwand ihre
Angst, denn die Ziege vertraute sich ganz dem Lied an, das
hier schon etwas lauter wurde und ihr den Weg wies, an all
den gefährlichen Dingen vorbei.

Das Lied machte auch plötzlich kein komisches Gefühl
mehr im Bauch, es machte Mut. Die Ziege wusste nämlich,
wie sehr sich die Karusselltiere freuen würden, wenn sie
es wiederhätten.

Sie musste nur der Melodie folgen, immer weiter nach unten.
Das war alles.

71

WAS MAN DENKT,
UND WAS DANN PASSIERT

Erst bemühte sich die Ziege, nicht hinzusehen. Schließlich war
sie umgeben von all den gefährlichen Dingen, die sie in den
Krater geworfen hatte, damit sie für immer weg wären. Doch als
einmal ihr Huf ins Leere stieß und sie nach Halt suchte, musste
sie doch hinsehen. Und da kamen ihr die gefährlichen Dinge aus
der platten Welt gar nicht mehr so gefährlich vor. Im Gegenteil:
Wenn sie ganz genau hinsah, war das meiste davon traurig und
geheimnisvoll und schön; es sah von jeder Seite anders aus,
und es veränderte sich.
Es veränderte sich mit dem, was sie darüber dachte.

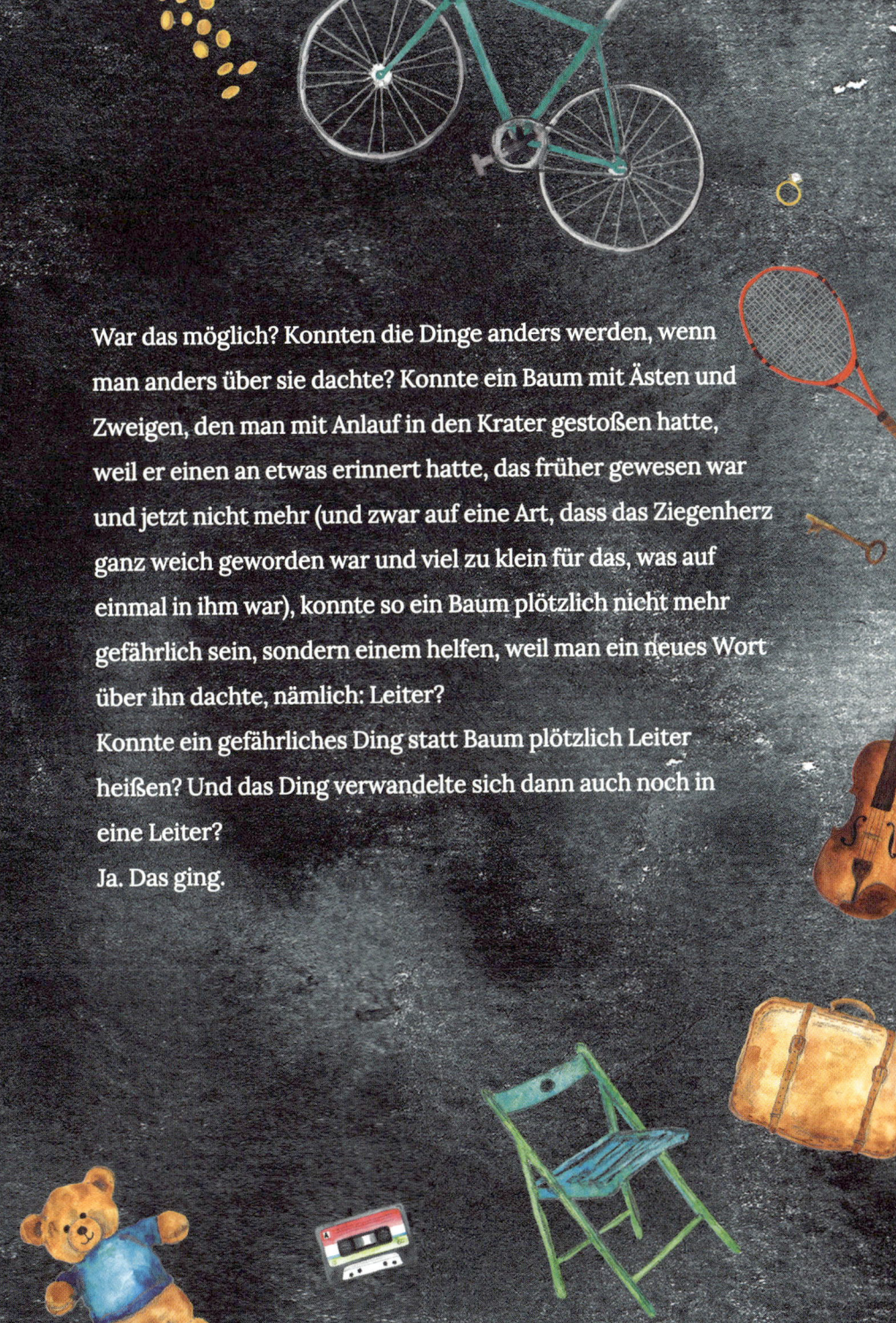

War das möglich? Konnten die Dinge anders werden, wenn man anders über sie dachte? Konnte ein Baum mit Ästen und Zweigen, den man mit Anlauf in den Krater gestoßen hatte, weil er einen an etwas erinnert hatte, das früher gewesen war und jetzt nicht mehr (und zwar auf eine Art, dass das Ziegenherz ganz weich geworden war und viel zu klein für das, was auf einmal in ihm war), konnte so ein Baum plötzlich nicht mehr gefährlich sein, sondern einem helfen, weil man ein neues Wort über ihn dachte, nämlich: Leiter?

Konnte ein gefährliches Ding statt Baum plötzlich Leiter heißen? Und das Ding verwandelte sich dann auch noch in eine Leiter?

Ja. Das ging.

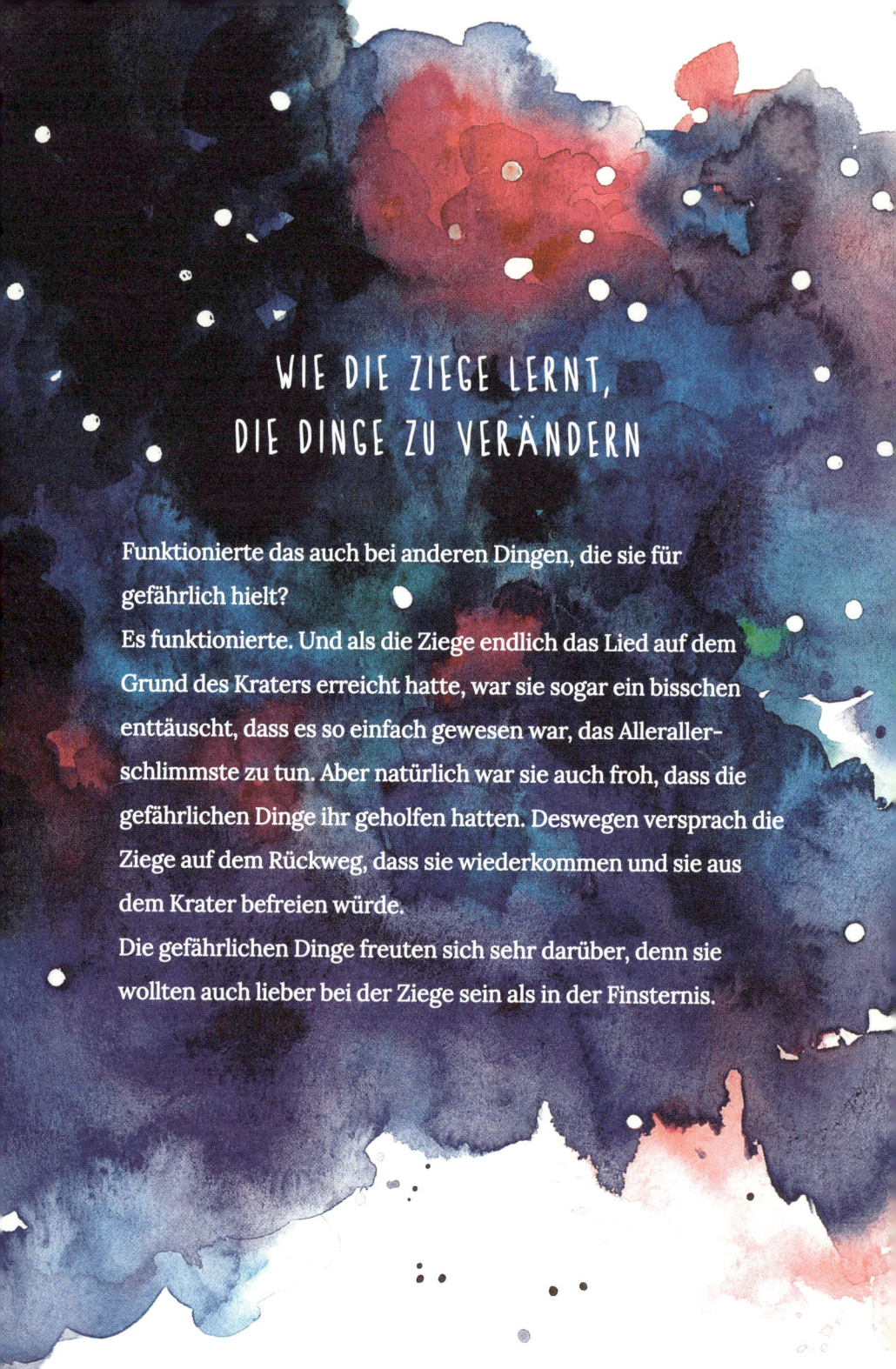

WIE DIE ZIEGE LERNT,
DIE DINGE ZU VERÄNDERN

Funktionierte das auch bei anderen Dingen, die sie für gefährlich hielt?

Es funktionierte. Und als die Ziege endlich das Lied auf dem Grund des Kraters erreicht hatte, war sie sogar ein bisschen enttäuscht, dass es so einfach gewesen war, das Allerallerschlimmste zu tun. Aber natürlich war sie auch froh, dass die gefährlichen Dinge ihr geholfen hatten. Deswegen versprach die Ziege auf dem Rückweg, dass sie wiederkommen und sie aus dem Krater befreien würde.

Die gefährlichen Dinge freuten sich sehr darüber, denn sie wollten auch lieber bei der Ziege sein als in der Finsternis.

DIE ZIEGE KOMMT WIEDER NACH HAUSE

Schon von Weitem spürte die Ziege, dass etwas anders war, und das lag an dem Lied, das sie den ganzen Weg über in sich gehabt hatte. Es ging ihr nicht aus dem Kopf, und aus dem Herzen ging es ihr erst recht nicht, und plötzlich trug nicht mehr sie das Lied, sondern das Lied trug sie.

Und als die Ziege zu den Wassertieren kam, spürten sie es auch. Das heißt, die Wassertiere spürten natürlich gar nichts, sie waren schließlich nicht echt, aber was hatte die Ziege über Dinge gelernt, die nicht echt waren?

Eben.

Wenn man aus einem Baum eine Leiter machen und etwas Gefährliches in etwas Hilfreiches verwandeln konnte, dann konnte man ja wohl erst recht ein Karussell in einen Haufen Wassertiere verwandeln, die sich darüber freuten, endlich ihr Lied zurückzuhaben, oder?

WAS GLÜCK IST

In dieser Nacht schlief die Ziege bei den glücklichsten
Wassertieren der Welt, denn das war die Art, wie die Dinge sein
mussten, auf dem Mond. Sterne zerfielen, Planeten
explodierten, und die Ziege träumte einen Traum, der klar und
glatt war wie die Oberfläche eines Sees. Es kam ihr sogar vor,
als drehte sich das Karussell ein bisschen, und die Wassertiere
bewegten sich zur Musik, es war wie Tanzen und Fliegen unter
Wasser, und die Ziege war glücklich, genau zur richtigen Zeit am
genau richtigen Ort zu sein, nämlich um Viertel nach neun auf
dem Mond.

Und was machte währenddessen Leslie Danger Foxtrott die
Fünfte, die wahrscheinlich längst nicht mehr so hieß?

Sie verwandelte sich für eine Nacht in die schönste Blume, die
man sich überhaupt vorstellen kann – und ärgerte sich ein
bisschen, weil niemand sie sah. Aber dann dachte sie, dass es ja
auch schon was ist, wenn man selbst weiß, dass man etwas
Besonderes ist.

Und damit hatte sie ausnahmsweise mal recht.

Nachdem STEFAN BEUSE preisgekrönte Romane geschrieben und
SOPHIE GREVE die Welt auf vielfältige Art bunter gemacht hat, laufen
sich die beiden endlich über den Weg. Schnell merken sie, dass sie
dieselbe Sehnsucht teilen: Nach Geschichten, die wahr sind und
traurig und schön. Nach Fragen, die größer sind als Antworten. Nach
Abenteuern, die immer wieder zeigen, wie reich und verrückt und
poetisch das Leben ist. Zusammen entwickeln sie Geschichten, die
Stefan Beuse schreibt und Sophie Greve illustriert. Die Ziege auf dem
Mond ist ihr erstes gemeinsames Abenteuer.

Willst du mehr über die Ziege erfahren, ihr eine Frage
stellen oder eine Nachricht schreiben? Hier ist ihre Adresse:
www.dieziegeaufdemmond.de

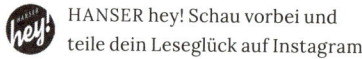 HANSER hey! Schau vorbei und
teile dein Leseglück auf Instagram

3. Auflage 2020

ISBN 978-3-446-26050-4
Alle Rechte vorbehalten
© 2018 Carl Hanser Verlag GmbH & Co. KG, München
Umschlaggestaltung: Sophie Greve
Autorenfoto: Dennis Dirksen
Layout & Satz: Sophie Greve
Druck und Bindung: TBB, a.s., Banská Bystrica
Printed in Slovak Republic

MIX
Aus verantwortungs-
vollen Quellen
FSC
www.fsc.org
FSC® C022120